AF314497

Lk 14/55

DISCOURS
FAIT

DANS L'ASSEMBLE'E GENERALE des Communautez du Païs de Provence, le cinquiéme jour de Novembre mil six-cens soixante dix-sept, par Messire IEAN DE GAILLARD Conseiller du Roy en ses Conseils, Evéque d'Apt & Prince.

MONSIEUR,

Il y a des matieres dont le sujet surpasse nostre Eloquence, & dont la grandeur est au dessus de nos expressions ; ce seroit les avilir que de les exposer à des loüanges communes ; c'est assés de les connoître pour les admirer, mais c'est aussi tout ce que nous pouvons faire puis qu'elles sont au dessus de tout ce que nous en pouvons dire.

Nous ne doutons pas, MESSIEURS, aprés ce que nous sçavons & ce que nous ve-

A

nons d'entendre, que les Actions de noftre Invincible Monarque ne foient de ce rang ;
puifque la pofterité aura fujet de douter de ce,
dont nous douterions nous mémes : Si les Victoires avancées à la faveur de fon Bras toûjours
victorieux ; fi fes deffeins infaillibles par la
fageffe de fon Genie incomparable, & fi la grandeur de fes Actions foûtenuë par l'ardeur de
fon Cœur invincible, ne nous perfuadoient qu'en
établiffant fa Gloire il affeure nôtre felicité :
Mais cette méme pofterité aura lieu de douter
qu'un regne fi heureux ait pû effacer tous ceux
qui l'ont precedé & fervy d'idée & de modelle
à ceux qui le fuivront. Elle confiderera avec
étonnement ces champs de bataille devenus fe-
conds en Lauriers par les fueurs Sacrées de
Sa Majefté, ces fatigues glorieufes qui l'ont
rendu le modele des Capitaines & des Soldats
feront pour elle dés fujets de doute, & ces
lieux que la Rigueur des Armes rend redou-
tables méme aux plus intrepides & qu'on a
veus honorés fi fouvent, & fi long-temps, de
la prefence de noftre Prince, feront dans la fuite
des fiecles des motifs d'une emulation fans fruit
pour ceux qui voudront fuivre fes traces, &
d'un Noble & genereux defefpoir pour ceux
qui voudront l'imiter : Mais qui ofera l'i-
miter ?

L'Eloquence, *MESSIEURS*, n'a guere de droit fur ces actions éclatantes qui s'expliquent d'elles mémes, & qui fufpendent les fonctions de l'ame entre le doutte & l'admiration ; c'eft affés de les fçavoir pour en connoître le prix ; mais il eft difficile d'en parler dignement & de rendre toute la juftice au merite qui le diftingue avec tant d'eclat. Toute l'Europe eft perfuadée que la derniere Campagne eft l'une des plus heureufes qui furent jamais, pour affeurer le repos & le bonheur de la France. Cette Ville qui tant de fois avoit bravé la valeur de tant de Grands-hommes, & qui à la faveur de fes Ramparts de Terre & d'eau avoit ralanty l'ardeur de nos Troupes les plus aguerries, femble avoir choifi ce temps pour rendre hommage à la Gloire de *LOUIS LE GRAND*, fes Digues ont eu du refpect pour fon Nom, & fes fortes Murailles fe font ouvertes fous les Ordres de fa Sage conduite. Cette Ville femble elle méme avoir contribué à la reparation qu'elle devoit à nos Troupes, & fi le fort des Armes les avoit forcées de fufpendre depuis quelque années une conquefte qui fembloit feule digne de leur valeur, c'étoit pour la rendre plus illuftre par la conduite de fon Victorieux. Je puis méme ajoûter, *MESSIEURS*, que cette Province a eû beaucoup de part au Triomphe de Valencienne, puifque fes Enfans fe font trouvés les premiers l'epée à la main dans l'enceinte de fes Murailles & qu'ils ont forcée de fe rendre fans delay au Maître qui merite de l'être de toute la Terre.

Les Ennemis & les Alliés conviennent que la prife de Cambray ne pouvoit eftre ni plus prompte ni plus furprenante : Toutes les attaques qu'ont fait nos Troupes ont efté de nouveaux Triomphes que la Victoire qui mene nôtre Prince par la main, femble elle même avoir ramaffés pour en faire des Trophées à fa Valeur : Mais s'il en a remporté la Gloire, il en a partagé le danger, il a eû le plaifir de voir tomber ces Rampars orgueilleux, qu'il avoit efté luy même reconnoître, & les charmes de fa feule perfonne ont étouffé dans les cœurs des Habitans de cette Ville l'antipatie qu'ils avoient pour les François.

On ne peut dés-avoüer que fa Valeur & fes Confeils ne foient l'ame de fes Soldats. Si fa préfence les anime, fes Ordres fidelement executés les rendent Victorieux, fe faut-il eftonner fi la Bataille de Caffel & la prife de faint Omer font les fruits de cette conduite admirable, qui prevoit tout ce qui peut s'oppofer à fa Gloire ? Ce n'eftoit pas affés qu'il eût à la tête de

fes

ſes Troupes un autre luy-méme, il falloit qu'il
ſecondât par luy-méme l'ardeur de cet Illuſtre
General. Il avoit choiſi pour Champ de Victoire un lieu qui avoit de la veneration pour les
Lauriers des François, & la Bataille de Philipes de Valois contre les Flamans luy avoit donné moyen de voir croître ſur les mêmes tiges
de differens Lauriers en faveur de Philipes de
Bourbon, pour honorer ſon Triomphe contre les
Holandois ; mais je dois avec juſtice l'appeller
Philipes Auguſte : puiſque tous les Auguſtes
ont à moindre titre porté ce beau Nom. Comme le Sang de Henry & de Louïs les Grands
coule dans ſes veines , la Valeur & la Vertu
de l'un & de l'autre animent ſon Cœur, &
ce qu'on trouve d'admirable dans ſa conduite ,
eſt que poſſedant avec avantage toutes les ver-
tus qui font les Rois, le reſpect & l'amour
qu'il a pour le ſien luy font preferer la qualité
de premier Subjet à celle de tous les Souve-
rains.

Voilà, MONSIEUR, ce que nous
pouvons dire de ce qui nous paroît : & quoy
que nos expreſſions ſoient infiniment au-deſſous
de la verité, neantmoins il eſt du droit des Subjets de rappeller ſouvent dans leur ſouvenir les
Actions de leur Prince pour renouveller leur
tendreſſe & leur veneration.

B

Car, qui peut exprimer cette prévoyance admirable, qui force même la rigueur des saisons, & qui fait trouver dans les Armées la même commodité qu'on rencontre dans les meilleures Villes ? Qui peut parler de ses Conseils qui ne nous sont connus que par leurs heureux succez ? Qui peut concevoir cet Amour de Pere qu'il a pour ses Subjets, ce desinteressement qu'il a pour sa propre gloire pour faciliter le repos & le bonheur de ses Peuples ? Nous ne pouvons sans doute connoître l'un & l'autre que par lui-même, & nous devons choisir dans ses propres paroles les idées qui nous prouvent la pureté de ses intentions. C'est ce que nous voyons fidelement écrit dans la Lettre pleine de pieté qu'il fit l'honneur d'écrire à tous les Prelats de son Royaume aprés la prise de Valencienne, & dans celle qu'il écrivit de Cambray, par laquelle aprés leur avoir ordonné d'en remercier Dieu comme l'Autheur de ses Victoires, il leur dit, qu'il ne les considere avec quelque prix, que parce qu'elles luy donneront le moyen de procurer une bonne Paix à ses Sujets.

Cette moderation est bien opposée à la conduite d'Alexandre, dont l'ambition luy faisoit donner des larmes pour les nouveaux mondes qu'il n'avoit pas soûmis à sa puissance ; elle est bien differente de celle d'Auguste qui ne vou-

loit pas adjoûter de nouvelles Provinces à son
Empire : Mais sa modestie estoit suspecte de
politique, puis qu'il apprehendoit que ses nouvelles Conquestes ne luy fissent perdre ce qu'il
avoit aquis : Au contraire une Armée Victo-
rieuse sous le commandement de Loüis le Grand
pouvoit se promettre la Conqueste de toute l'Europe, bien loin d'aprehender quelque revers,
lorsque son ardeur sembloit languir captive entre l'amour de la belle Gloire, & les desirs
d'une bonne Paix.

Que ne doivent point de subjets à un Prince
qui sçait si bien distinguer ses propres interests
d'avec ceux de son Peuple, qui prefere ceux-cy
à la justice des siens, puisqu'il semble que s'il
n'avoit point de subjets il n'auroit point d'ambition pour le Triomphe, rien ne peut faire ob-
stacle à leur amour respectueux, & j'ose dire,
MONSIEUR, que cette Province se fe-
ra toûjours un nouveau merite, lorsqu'il s'agi-
ra de luy donner des marques de sa reconnois-
sance & de sa fidelité. Elle sçait, MON-
SIEUR, que nous vivons sous un Monar-
que si juste, qu'il ne tentera jamais l'impossible
sur ses subjets, & vous sçavés que vôtre cœur
s'est souvent trouvé partagé entre la compassion
que vous ont donné nos miseres, & l'exactitude où vous engage vôtre employ, puisque si nous

avons hesité quelque-fois de faire tout ce que nôtre zele nous demande , vous avez fait la difference , qu'il y a entre nos obligations & nôtre pouvoir , & sans vous donner des loüanges étrangeres que nous fonderions justement sur les actions qui vous rendent le modele de la Noblesse de cette Province , & par vôtre valeur & par vôtre pieté , nous avons dans nos Assemblées des monuments tres-glorieux de cette generosité qui vous fait compatir avec tant de tandresse aux malheurs qui nous persecutent , & qui tire avec tant de douceur de nôtre impuissance des preuves si frequentes de nos soumissions ; puisque sans vous en faire de fête auprés de Sa Majesté , vous agissez en sorte que toute la gloire nous en revient : Vous n'ignorez pas , MONSIEUR , que les seignées frequéntes n'affoiblissent les corps les plus robustes ; il est impossible que les sommes excessives qui sont sorties dépuis quelques années de la Province , ne soient de grands obstacles à nôtre zele & à nôtre ardeur : mais il nous reste cette consolation que si nous trouvons des bornes à nôtre pouvoir , il ne s'en rencontre point dans nos desirs. Il est juste que tous les membres concourent au soulagement & à la conservation du cœur qui les anime , puisque par un retour necessaire le même cœur rend avec

usure

uſure aux parties qu'il anime le méme ſecours qu'il en avoit receu.

On ne doit point douter que nôtre Maître ne ſoit le cœur de ſes ſubjets, & ſi la Majeſté qui brille ſur ſon front, le rend le Chef d'un ſi grand corps dont l'harmonie & la ſubordination concourent également à ſes glorieux deſſeins, l'amour qu'il a pour ſes Peuples le rend le cœur de ſes ſubjets : Mais entre le cœur & les autres parties du corps, il y en a de ſi nobles & de ſi neceſſaires qu'elles en font tout le commerce & toute l'union. Ce qui ſe paſſe dans le corps naturel, ſe declare dans le corps politique, puiſque les Gouverneurs & les Lieutenant du Roy font les mêmes fonctions entre le Prince & ſes ſubjets.

Nous ſommes perſuadez, MONSIEVR, que vous n'ignorez rien de ce qui regarde vôtre employ, & ſi vous-vous diſtinguez ſi glorieuſement par vôtre exactitude parmi tant d'autres, qui en rempliſſent un ſemblable dans les autres Provinces, ils ne peuvent vous imiter dans les ſoins que vous prenez de maintenir celle-cy dans l'eſtime qu'elle tache de meriter par ſon obeïſſance : Ce qui nous fait croire que jugeant de nôtre fidelité par la vôtre, Vous n'aurez pas de peine à nous continuer vos bons Offices auprés de Sa Majeſté, & que vous ſerez per-

ſuadé que nous ferons nôtre poſſible pour remplir nos obligations, ſi nous ſommes aſſez malheureux pour pour ne pouvoir ſatisfaire à tous nos deſirs.

Perſonne n'ignore dans cette Province que Monſieur Roüillé qui en eſt l'Intendant, ne ſoûtient cette commiſſion avec tant d'éclat, que parce que la juſtice & la probité reglent toutes ſes actions. Si la neceſſité des affaires l'oblige de preſſer l'execution des Ordres qu'il reçoit, il le fait avec tant d'égard & de moderation qu'il nous donne lieu de nous faire un nouveau merite en rempliſſant à nôtre devoir. Nous devons à ſa generoſité cette declaration publique, qu'en ſatisfaiſant à tout ce qui dépend de ſon miniſtere pour le ſoulagement des Peuples; il s'eſt contenté juſques à ce jour de nos foibles remerciemens dont les cayers de cette Province ſont remplis, & qu'il tient neanmoins auſſi precieux que les gages les plus effectifs, puiſque n'ayant pour objet que le ſervice du Maître & le bien de ſes ſubjets, il borne toute ſa Gloire au bon-heur particulier de les ſatisfaire l'un & l'autre. Ce qui nous fait eſperer, MONSIEVR, que dans la conjonĉture preſente de cette Aſſemblée vous aurez la bonté d'accorder nôtre zele avec nos facultez: Nous n'avons rien à menager lorſqu'il s'agit

du service de Sa Majesté, ni rien à craindre
tant que nos interests seront soutenus par l'in-
clination que vous avez à procurer le repos
à cette Province par l'honneur de vôtre pro-
tection.